VOTA AHORA...
O CALLA PARA SIEMPRE

Diseño e ilustración: Ivonne E. Vega E.
Diseño de cubierta: Alejandro De León Barrios.

Número de Control de la Biblioteca del
Congreso de EE. UU.:   2012907030
ISBN: Tapa Blanda   978-1-4633-2761-3
                 Libro Electrónico   978-1-4633-2760-6

**Para pedidos de copias adicionales de este libro,
por favor contacte con:**
Palibrio
1663 Liberty Drive
Suite 200
Bloomington, IN 47403
Llamadas desde los EE.UU. 877.407.5847
Llamadas internacionales +1.812.671.9757
Fax: +1.812.355.1576
ventas@palibrio.com
406606

VOTA AHORA...
O CALLA PARA SIEMPRE

Jorge Eduardo De León Palma

A mi esposa
María del Sagrario Barrios Mata,
a quien le debo horas de atención
robadas a causa de mi idealismo de
luchar por la democracia en México.

"La Ley Civil, cuando corresponde al sentimiento del pueblo, es más poderosa que la excomunión y la espada. Sabemos que la Ley Constitucional, es capaz de normar y encausar la existencia de la nación y que ningún tipo de dictadura, de no ser la de la Ley, puede imperar en México. Ello a pesar de quienes fingen no tener fe en la Constitución"

Benito Juárez.

Índice

Prólogo

Alguna vez leí en un graffiti que "si votar o marchar sirviera de algo, estaría prohibido". Lo he recordado ahora que mi amigo don Jorge de León Palma me ha pedido unas líneas escritas que, a manera de prólogo, sean leídas por usted en este libro.

¿Cuál es la importancia de emitir un voto o un sufragio? ¿Por qué debemos hacerlo?

En lo personal creo, compartiendo lo aquí escrito por De León Palma, que en nuestra sociedad vivimos en un entorno grande de represión.

Las libertades de pensamiento, las libertades sexuales, las libertades de expresión aún son muy precarias.

En general pertenecemos a un sistema donde la vida, la experiencia que significa estar vivo, se nos va en producir y consumir... si tenemos empleo y, por ende, si tenemos dinero.

Son pocos los seres humanos que realmente viven; la mayoría sólo subsisten.

Y esto sucede porque este sistema se rige en gran parte por medio de decisiones políticas.

¿Cuánto cuestan las cosas?, ¿qué impuestos pagamos?, ¿cuántas horas debemos trabajar al día?, ¿qué se debe enseñar en las escuelas?, ¿quién paga por los servicios de salud?... Todo esto y más depende de decisiones políticas.

O de decisiones que, en nuestro nombre, toman los políticos que dicen representarnos.

Sin embargo, quienes toman estas decisiones son escogidos de un listado de nominados o postulados por los partidos que "ofrecen sus nombres" para que los ciudadanos los elijan por medio de su voto.

No hay mayor restricción o condiciones para ser parte de una lista de candidatos. Basta con cumplir el requisito de la edad y recibir el aval de un partido. Por lo demás, el proceso de selección no se acerca siquiera al que muchos debemos sortear para ingresar a laborar a una empresa transnacional, por ejemplo.

A los ciudadanos se nos pide entonces que escojamos entre este listado de personas que, con muchos o pocos recursos, salen a promocionarse unos meses antes de la votación, lo que también es causa de desigualdad, porque invariablemente quien más dinero invierte en su campaña cuenta con mayores posibilidades de ganar.

Esas personas que se hacen llamar políticos, que cada cierto tiempo salen en pancartas, sonriendo, dando la mano, cargando un niño pobre y mocoso o simplemente con cara de capataz, muchas ocasiones no suelen estar capacitados ni intelectual ni espiritualmente para guiar a los demás. Pero...

Fruto de esto son las malas decisiones que se toman al crear políticas públicas y la gran cantidad de corrupción que se presenta dentro de la burocracia.

Votar entonces se limita a ser un ejercicio donde se escoge al menos malo, o al conocido, o al bonito, o a la señora guapa de la foto.

Los ciudadanos, que tampoco solemos tener mayor información a la hora de decidir, tendemos a votar más con la pasión que con la razón, porque generalmente no se sabe nada de las propuestas de los candidatos a la hora de marcar un voto.

Este panorama no es muy alentador que digamos, pero no es tan malo cuando miramos atrás y vemos los largos períodos de nuestra historia donde toda la población era sometida a los designios de un solo tirano, o a los caprichos de un virrey o una reina en el extranjero.

Entonces es bueno que tengamos la capacidad de votar, que quienes no saben leer, que las mujeres, que los jóvenes puedan ejercer su voto —hace un siglo no podían hacerlo--, así sea que aún nos quede mucho camino para llegar a una verdadera democracia.

Ya llegará el momento en que la humanidad supere el monetarismo y la partidocracia, para pasar a una economía basada en la abundancia y no en la escasez y en donde todos los humanos vivan y disfruten su existencia.

En cualquier caso, mientras eso ocurre, es mejor votar antes de que por ahí a alguien se le ocurra prohibirlo.

Francisco Rodríguez

Introducción

México es un mosaico policromo de gente. Es un pueblo surgido de dos concepciones vitales que acrisolaron al mexicano actual; desde las etnias nativas, que representan aproximadamente una cuarta parte de la población con más de 80 dialectos que van desde los Acatecos en la sierra de Guerrero hasta los Zoques de Chiapas y Oaxaca y de los Mayos, Yaquis y Tarahumaras del norte, hasta los Coras, Tarascos, Mazahuas y Mixtecos del centro, hurgando por todos lados hasta alcanzar los rincones del Mayab.

Su gran mestizaje, que representa el 95% de sus individuos; nos convierte en una nación pluricultural; con una concepción colonial en sus vidas, formas, usos y costumbres. Pero, a pesar de esta diversidad étnica, religiosa, cultural, física, política y social, se mantiene una cohesión nacional que hace posible nuestro devenir histórico. No obstante, y a pesar de las grandes carencias y diferencias económicas, los mexicanos tenemos una identidad propia y específica que nos diferencia del resto de la población mundial.

Sin embargo, la marginación sociopolítica a la que está condicionada una gran parte de la población (20%), nos hace ver que su participación en los procesos electorales es incipiente y en el mejor de los casos, manipulada.

Es por esto que la construcción y consolidación de una auténtica democracia es una tarea que involucra no sólo a las Instituciones gubernamentales y a los partidos políticos, sino también de manera destacada a los ciudadanos, cuya participación responsable y voluntaria es una condición imprescindible hoy en día para alcanzar la denominación de un régimen democrático.

Más allá de los derechos genéricos del hombre, están aquellos que consagran el derecho a las prerrogativas constitucionales. En México, desde el derecho al sufragio hasta las libertades políticas modernas, han sido logros paulatinos y de alto costo social que han modificado incluso el entorno de la gobernabilidad, representatividad y la legitimidad, en todo el país.

Se dice que en las sociedades democráticas, la participación ciudadana es la pareja indispensable de la representación política; ambas se necesitan para darle significado a su existencia.

Estamos en la antesala de un proceso de cambio y qué mejor momento para levantar la voz y hacer conciencia en los ciudadanos que ha llegado la hora de hacernos presentes. Es un momento crucial para el futuro de toda la nación, por lo que resulta impostergable lograr la reconciliación como sociedad basada en nuestra identidad nacional, que es el único lazo indisoluble con el que cuenta México. Sólo unidos saldremos adelante, luchando juntos contra la violencia desatada por todo el territorio nacional, que a todos está afectando por igual.

La falta de una procuración de justicia plena, que por años ha estado en deuda con la sociedad por la impunidad, es la causa principal por la cual se ha acrecentado la desconfianza hacia el propio gobierno, así como el nulo respeto a los representantes del congreso, quienes poco o nada han hecho para revertir en algo la situación a su favor.

EN BUSCA DE LA CONFIANZA PERDIDA.

Soy un mexicano orgulloso de sus orígenes, descendiente de la raza yaqui de Sonora. Nieto de un ameritado general revolucionario, alumno del General Calles y Primer Jefe del Batallón de Supremos Poderes con Obregón; el origen de lo que hoy es el Estado Mayor Presidencial. Con él viví los primeros 15 años de mi vida, fecha en que falleció. Con él aprendí lo que es la lealtad bien aplicada y entendida, no condicionada. También me enseñó a amar a México y sobre los principios de Juárez, el respeto a las leyes, a las instituciones y a luchar por lo que creo y quiero.

Estos principios han sido alma y motor de mi vida que, a través de los años, he ido consolidándolos como parte de la esencia de aquellos años verdes con mi abuelo materno, que me han servido de guía y norma para lo que he hecho y vivido en los más de sesenta años que tengo.

Esta es, a la vez, una invitación a la reflexión y una manifestación por todos esos años y deseando compartirla en este documento. Todo lo que viví en una época que debió haber sido de consolidación y que, inexplicablemente, se perdió en el limbo de las improvisaciones.

Quiero expresar la panorámica de momentos importantes, procurando ser fiel a mi memoria y al compromiso de escribir páginas de la historia de mi país con veracidad, deseando con todas las fuerzas de mi ser que llegue al pueblo como un propósito de hacer conciencia en toda la gente sobre qué futuro queremos en este nuevo tiempo mexicano, sin desgastarnos en prejuicios, dedicatorias o alusiones personales.

Ya basta de vivir de prestado de la historia y quejarnos diciendo que todo lo que nos rodea es malo. Tenemos mucho por qué luchar mirando en todo momento por el bienestar de toda la sociedad.

No es un intento de justificar, sino de entender lo que no ha funcionado retrospectivamente hablando, de lo que no hemos logrado los mexicanos en los últimos cincuenta o cien años; es nuestro propósito fundamental, para ubicarnos en el contexto real sobre hacia dónde queremos ir y recuperar la confianza perdida. Algunos dirán que es casi como querer volver a nacer y quizás tengan razón, porque tanto daño y dolor ha causado a toda la nación la no consolidación de la democracia.

Sólo basta recordar el surgimiento de nuevos movimientos posteriores a la revolución, los cuales no se acoplaron generacionalmente a las condiciones del momento para aportar la parte que a cada quién le correspondía, permitiendo así que los alternantes gobiernos y los congresos, se estancaran adoptando una política colonial y tradicionalista que no estuvo a la altura de un pueblo diezmado, disímbolo, ignorante y con tantas carencias, con mucha hambre y sed de justicia, ese pueblo que ha sido base fundamental y actor principal de las gestas de la Independencia y la Revolución Mexicana.

Está claro que se dejaron a un lado los Sentimientos de la Nación de Morelos, o los principios constitucionales de Juárez; descuido que ha marcado el desencuentro entre los grupos de poder, responsables de ese rumbo sin destino en que hemos transitado por décadas, o ¿de qué otra manera se podría explicar lo que sucedió durante tantos años?, donde cada grupo que ascendía al poder armaba su propio esquema de gobierno pero nunca se logró un congruente programa de integración nacional.

¿Hacia dónde queremos ir?

El objetivo del estudio es ir en busca de un porvenir deseado, prospectivamente hablando, a partir de una explosión de sentimientos encontrados; quizás de impotencia o coraje, hasta de rebeldía contra un "sistema" nacido y fortalecido del movimiento armado de 1910, que costó la vida de más de un millón de mexicanos y que no logró consolidarse en los años posteriores. Perdiéndose poco a poco y difuminándose en el camino de las improvisaciones; justo cuando era el mejor momento para fincar y consolidar un proyecto de nación.

No debemos perder como pueblo, ni dejar en la injusta memoria, la herencia de grandes hombres y mujeres que lucharon por darnos patria, libertad e instituciones. Pero tampoco dejemos en el olvido los años y los hechos que hemos vivido sin poder consolidar esos logros de luchas y vidas entregadas en el afán de alcanzar la democracia y la justicia social tan demandadas por este pueblo.

La propuesta que planteo conlleva a un sentimiento de renovación, que puntualiza un sólo objetivo: hacia dónde queremos ir cómo país. Porque la hora del debate nacional ha llegado, dando a su vez sentido y mayor importancia a la difusión de las distintas formas que tenemos los ciudadanos mexicanos de participar en los procesos electorales, cómo única vía para la democratización, desarrollando y promoviendo una cultura política incluyente basada en valores; entendidos como la amalgama entre el hogar y la escuela que es donde nacen y se nutren.

Sólo así, podremos emprender el camino para la reconstrucción de un nuevo México, al que todos queremos y anhelamos y que la sociedad exige hoy en día.

No queremos seguir siendo marginados, lamentándonos y echándole la culpa de todos nuestros problemas y males a los españoles, gringos o chinos y no a nosotros mismos por elegir a lo que bien sabemos no ha funcionado.

Ahora más nunca resulta determinante la participación ciudadana en los procesos electorales, aportando con su voto la parte que le corresponde con un alto sentido de responsabilidad, mostrándose segura, y decidida, lo que le permitirá en el debate exigir tanto a "sus" representantes en las cámaras cómo a los gobernantes estatales y/o federales, actúen en consecuencia, cumpliendo con lo que en protocolo juraron defender y no sigamos siendo un país gobernado por políticos ineptos e ignorantes, con capacidades diferentes, sí diferentes a los intereses de los mexicanos.

Ya no más mexicanos expectantes, hijos del anonimato y de que otros decidan por él, ya no más, la eterna brecha entre ricos y pobres en una nación inmensamente rica y que está a merced de unos cuantos. Ya no más hacinamientos irregulares, que son devastados cíclicamente por los fenómenos naturales, escases de alimentos por falta de planeación e improvisaciones, crisis sistemática y pobreza extrema. Ya no más violación a las leyes ni parches sexenales a la Constitución.

No podemos seguir viviendo, culpando siempre a quién nos preside, sin haber hecho la parte que como sociedad nos corresponde.

Probado está que la pobreza e ignorancia son el origen de la violencia, ya no más escases de empleo, seamos visionarios y generadores de riqueza, no pobreza, en un territorio inmensamente rico.

"Hagamos un alto en el camino y reflexionemos sobre lo que realmente queremos los mexicanos en este nuevo tiempo."

UN ACTO DE REFLEXIÓN.

Este documento no pretende ser una guía o un instructivo que conduzca o aconseje a los ciudadanos hacia qué candidato o partido votar ni que interfiera en su vida. En lo absoluto. Nada me es más ajeno que eso, es lo que menos desearía.

El punto toral del documento es que el ciudadano común lo lea, estudie y analice y que, ante un espejo, se mire de frente y pregunte lo que honestamente ha hecho de su vida, reconociendo aciertos y errores, desterrando de su mente la eterna justificación de culpar a otros, lo que no ha logrado. Descubrir en realidad lo que no hemos sido capaces como sociedad organizada exigir y defender nuestros derechos, impulsando las reformas más urgentes.

En este nuevo tiempo mexicano, vivimos un momento crucial que nos obliga a hacer un alto en el camino. Y en un acto de reflexión, consciente y responsablemente, busquemos coincidencias, entendiendo que sólo unidos lograremos vencer al verdadero enemigo, el que día a día nos está arrebatando el derecho a la vida.

México requiere reformarse, basta ya de luchas estériles y de agredirnos sin "ton ni son"; ofendiendo a los que tienen éxito por envidias y rencores ancestrales.

Es necesario que el mexicano exprese lo que realmente quiere ahora porque, ante la mirada de los hijos, resulta innegable saber si se está cumpliendo o no. Debe darle rumbo y sentido a su vida, que entienda que tan solo razonar su voto hará la diferencia y no seguir siendo utilizado por los agoreros del desastre donde todo está mal, para después escudarse en pretextos vanos y no cumplir con su obligación ciudadana cuando él mismo es parte del todo. Queramos o no, somos parte del pasado y eso no lo podemos negar.

UN PASEO RETROSPECTIVO POR LA HISTORIA.

Tal vez el desvío de lo que pudo ser un proyecto de nación posterior a la revolución mexicana se debió, en gran parte, a que la política de la época no se ajustó a la -Carta Magna. ¡Santa contradicción!, ya que fue en ese mismo período donde se consolidó la nueva Constitución Política de los Estados Unidos Mexicanos (1917); misma que a la fecha nos rige con todas las modificaciones que ha sufrido en los 136 artículos que la conforman. Quizás los asesinatos de los Hermanos Cerdán, Madero, Carranza, Villa, Zapata, Serrano, Obregón, entre otros, fueron marcando el derrotero de un México bronco, del que todo mundo habla y que está latente en cualquier parte de los casi dos millones de kilómetros cuadrados del territorio nacional.

En los últimos setenta años de hegemonía de un partido emanado de la revolución, se dio forma a un nuevo México, el cual creció dando tumbos con aciertos y desaciertos. Sin embargo, en este sentido, se podría hablar más de incongruencia que de falta de realización, ya que la "democracia naciente" se fijó como método de legitimación y control de decisiones políticas tanto nacional como local. Esta situación marcó una irrazonable brecha entre ricos y pobres en todo el territorio nacional. La presencia de élites en el poder no borra la diferencia entre regímenes democráticos o autocráticos; prueba de ello son los discursos de la "clase política" del momento, que en sus mensajes nunca faltaba la expresión, más para quedar bien con el grupo en el poder que por convicción propia, "que el gobierno iba por el camino correcto; el de la Revolución Mexicana".

Pero como este documento no pretende ser un tratado de historia ni mucho menos meterse en el terreno de pretender juzgar lo que se hizo bien y lo que se hizo mal, sería ocioso perder el tiempo de lo que ya se sabe y de lo que, en voz baja, siempre nos hemos lamentado pero que nunca hemos hecho nada como sociedad organizada; siempre siendo copartícipes de complacencias y vicios que ya se habían hecho costumbre, de una "política" colonial y tradicionalista en la que "no pasa nada".

Insisto, es válido reconocer lo esencialmente bueno y probado; herencia de destacados hombres y mujeres que dieron forma a lo que hoy somos como país ante el mundo y eso nadie lo puede negar, pero solo han sido destellos, sin llegar a la consolidación de esas herencias, por lo que, la eterna pregunta es y será, ¿porqué no hemos logrado un verdadero crecimiento y desarrollo?

Lo que aquí pretendo es invitar a toda la sociedad a reflexionar sobre el nuevo rumbo que debemos tomar bajo una visión prospectiva e incluyente, que nos conduzca a diseñar un futuro deseable para toda la nación en su conjunto. No tanto por el diseño de un México "ideal", sino de un México en busca del ideal: La democracia y la justicia.

REENCONTRAR EL CAMINO ES TAREA DE TODOS.

Bien sabemos que el camino no será fácil pero con el apoyo de cientos, de miles, de millones de mexicanos, capaces de recopilar una visión de conjunto donde quepamos todos dentro del marco constitucional que nos rige como nación, nos permitirá avanzar hacia un auténtico desarrollo sustentable. Sólo así podremos iniciar una etapa de recuperación, como lo han hecho otros países que han sufrido incluso más que nosotros.

Deseando que este documento quede en la historia como la mayor manifestación de una sociedad ofendida, harto lastimada, que por décadas soporto lo indecible, para que ahora surja decidida y con todas sus fuerzas, consiente y dispuesta a luchar por la libertad y la justicia entendiendo que la democracia es el único camino que garantiza los derechos de los ciudadanos; derecho a elegir y ejercer el voto dentro de los límites del reconocimiento constitucional, que son los derechos universales e inviolables de todo individuo.

No hay que descubrir el hilo negro para demostrar que, cuando en un país existe una adecuada distribución de la riqueza y un adecuado aprovechamiento de los recursos, el progreso se da por consecuencia logrando un equilibrio en lo social, mismo que se ve reflejado favorablemente en el nivel de vida de la gente y por consecuencia en la familia. Ese es el verdadero hilo conductor de la democracia.

Vivimos una época que se transformó en una novela costumbrista, dónde aparentemente no pasaba nada y todos éramos felices y satisfechos de los logros alcanzados, sin percatarnos en qué momento viró nuestro entorno como país en "desarrollo"; suceso que nos pasó de noche o ¿de qué otra manera podríamos explicar por qué desde hace años vivimos en el "ya merito"?, de falsas promesas, cuándo en la realidad no hemos sido capaces como sociedad consciente, responsable y organizada de cambiar lo que tanto criticamos. Era como la política del avestruz: meter la cabeza en un hoyo sin ver la realidad; creyendo que con tan sólo burlarnos de los "políticos", gobernantes, legisladores, empresarios burócratas, procuradores de "justicia" que hemos tenido, nos conformábamos. Esto se usaba simplemente como una válvula de escape creyendo que con sólo exhibirlos y satanizarlos, era suficiente. Algo así como un calmante y desinflamatorio de los golpes que nos daban cada periodo gubernamental.

Tal parece que ya nos habíamos acostumbrado a ese estilo de vida, aceptándolo como destino. Pero cuando ya se han tocado las fibras de lo más sagrado, que es la vida de un ser querido, entonces la dimensión toma otro sesgo y ha llegado el momento de actuar con inteligencia a la vez que con coraje y decisión, conscientes de que solamente unidos contra la delincuencia en todas sus facetas, podremos avanzar por el camino del progreso y de la justicia.

Desde hace muchos años, vivimos inmersos en una descomposición social tan crítica como jamás habíamos tenido en toda la historia del país; cientos de familias mexicanas de todos los sectores, sin distinción, han sufrido pérdidas de seres queridos a manos de la delincuencia. No importa su ámbito, posición o contexto, sea del comercio, industria, gobiernos estatales y federales, instituciones, empresas, ricos y pobres, etc. Por igual se han visto afectados por este flagelo.

La sociedad mexicana ha dejado claro que, cuando se organiza, puede realizar grandes movilizaciones como la marcha por la paz, a la cual han acudido hombres y mujeres, chicos y grandes, de todas las clases sociales, culturales e ideológicas, a manifestarse en contra de la delincuencia, de la injusticia, de la impunidad, del desempleo y de la inseguridad, expresando un "ya basta". Pero bien sabemos que un "ya basta", _no basta._

YA COMENZÓ EL FUTURO.

El pueblo ya no cree en nada ni en nadie, está desencantado, se siente defraudado y engañado. Por eso, se requiere con urgencia hacer un alto en el camino y reflexionar sobre la parte de la historia que nos corresponde, honrando a quienes en su momento lucharon por darnos patria y libertad. Sólo así podremos entender y tener el derecho a festejar los centenarios. Para ello, es necesario descifrar qué es democracia tomando en cuenta su significado; entenderla y aplicarla para poder enfrentar futuros procesos electorales, con conciencia cívica, para no tropezar con la misma piedra.

A estas alturas ya sabemos lo que queremos o lo que no queremos los mexicanos. Nada es más triste ver cómo nos atropellamos y agredimos unos a otros, con manifestaciones por demás estériles, hundiendo al país en el laberinto de la ignominia; un hoyo negro del cual debemos salir lo más pronto posible. Es necesario analizar lo que hay que cambiar, sin apasionamientos, sin importar colores, grupos o siglas, es el punto de partida, enderezando las velas y el timón de este barco que en los últimos años ha navegado a la deriva, sin rumbo, ni destino.

México es una gran nación y es indiscutible que cuenta con hombres y mujeres de calidad, con capacidad política e intelectual que ofrezcan una solución racional a la grave crisis que atraviesa el país en estos momentos. Su participación decidida fortalecería al congreso y a los partidos; ambos muy desprestigiados. La sociedad ya es madura y es el momento para que entre a la escena de la vida nacional. Ya está harta de escuchar a los mismos de siempre, que dicen lo mismo de siempre; que están en contra de todo y contra todos; esos ya nos han dañado mucho.

El futuro ya comenzó. Es hora de actuar para cambiar. Basta ya de quejarnos y no hacer nada.

La circunstancia política nos favorece para escribir la parte de la historia que nos corresponde. Está claro que, cuando los hombres, las ideas y los proyectos se entrelazan, el resultado es el éxito.

Cambio fallido del gobierno del cambio.

En los últimos diez años no hemos visto el cambio tan pretendido y cacaraqueado, revelando una ausencia patética de visión de estado y una incapacidad democrática para lograr acuerdos fundamentales; reflejos claro de una falta de proyecto de nación. Los actores del cambio quedaron a deber, por mucho, su fundamento constitucional, la frivolidad los condujo al abismo traicionando su encomienda. Esto les hará difícil recuperar el hilo extraviado de la legalidad; triste evidencia del gobierno del cambio.

MÉXICO DE MIS RECUERDOS.

Cómo olvidar al México de los años 30 y 40; época en que se desarrollaba una generación de ciudadanos denominada clase media, inexplicablemente extinguida del escenario económico, cuando era realmente una etapa excelente de oportunidad como país de iniciar de un proyecto de consolidación. No sabría decir cuántos inventos y proyectos creados por mexicanos fueron vendidos al extranjero por falta de visión, apoyo y credibilidad.

Esa falta fue sumiendo a toda la nación en un proceso de improductividad, polarizando a la sociedad mexicana y dando como consecuencia una triste realidad. Sobre todo al final de cada sexenio, donde las cifras frías reflejaban más millones de nuevos pobres y más de cientos de nuevos ricos; producto de complicidades y cuna de la corrupción que tanto daño ha hecho a México.

INCONGRUENCIA POLÍTICA.

La conformación y nacionalización de instituciones por Plutarco Elías calles, Lázaro Cárdenas del Rio y Adolfo López Mateos, no fue con el propósito de que la "clase gobernante" se apropiara y sirviera de ellas, sino de servir a todo el país; como PEMEX, FERTIMEX, CFE, CONASUPO, BANRURAL, IMSS, ISSSTE, etc. Unas ya desaparecidas inexplicablemente, como FERTIMEX y BANRURAL, tan necesarias para un país con grandes tierras, susceptibles al cultivo con buenos y garantizados resultados económicos. Un ejemplo puntual fue la desaparición de FERTIMEX; tan de repente y sin explicación de para la agricultura nacional. Bien sabemos que el fertilizante es el alimento del alimento. Era una industria estratégica que nos hubiera permitido acabar o mitigar considerablemente la pobreza alimentaria del país, venciendo al enemigo número uno del hombre "el hambre".

Siempre se nos dijo que las instituciones emanadas de los gobiernos de "La Revolución Mexicana", eran para darle viabilidad a un pueblo que resurgía; fuerte y orgulloso, con futuro promisorio. Pero sirvieron más para beneficio de unos cuántos que para llevar su encomienda a buen puerto. Podría haber gente que refutara esto, pero no ha habido gente que explique por qué cada vez es más ancha la brecha entre pobres y ricos en este país. Ni tampoco quién explique la pobreza del campo mexicano, su total abandono y mucho menos la proliferación de los cinturones de miseria (ciudades perdidas) de las grandes capitales del país. Este fenómeno se agrava y acrecienta más en la ciudad de México, que lastima, lacera y a todos ofende. Corrupción es la expresión más adecuada.

EL PODER DEL CIUDADANO.

El voto ciudadano, es el arma más valiosa y la llave del cambio.

Vivimos tiempos de transición, no de confrontación. Entendamos eso, para no crear confusión cuando se habla de los derechos a elegir a nuestros gobernantes y representantes populares; situación que es necesaria para decidir votar por tal o cual candidato. Esto nos permitirá iniciar el cambio y ofrecerá, sin duda, una mejor panorámica de congreso que cada vez debe ir mejorando en calidad y no en cantidad.

En ese mismo sentido, debemos analizar y razonar nuestro voto; no permitir manipulaciones ni tampoco irse con "la finta" que, de la noche a la mañana, cambiará nuestra vida; como lo dijo tal o cual candidato.

Es precisamente ahí donde debemos ser analíticos y no ser coparticipes de una decisión equivocada, de creer todo lo que nos dicen para que después nos lamentemos otros seis años y nos avergoncemos de los gobernantes que tenemos o hemos tenido si los principales culpables somos nosotros mismos, usando al escepticismo como escudo y/o justificación de lo que no hemos sabido afrontar con responsabilidad y decisión. Por ello resulta imperativo estar bien informados para tomar una decisión, que marcará el destino de toda la nación.

Hoy en día, existe un conflicto muy grande para definir con exactitud cuántos Méxicos hay: en el norte, en el centro y en el sur-sureste. En este sentido debemos dejar muy claro y trasmitir el mensaje que ha llegado el momento de que la justicia y la democracia coexistan en todo México, que es uno solo.

"Por una mala decisión todos perdemos, si escogemos calidad, tendremos calidad".

LA DECISIÓN, SENTIDO COMÚN.

¿Qué pasaría si, en vez de lamentarnos, usamos el arma más poderosa con la que contamos?; el voto. Actuar con los pies en le tierra sin influencia de ninguna especie, aplicando el más elemental sentido común porque vivimos en sociedad. Por supuesto que podemos intercambiar impresiones con amigos, familiares. Leer e informarnos; y estar atentos por cualquier medio. Escuchar con mucha atención a la gente y analizar los puntos de vista de cada uno que, aún siendo diferentes, nos permita en un ejercicio de razonamiento tener más elementos para no equivocarnos y ser más definidos en lo que pensamos y hemos decidido; votar por tal o cual candidato. Considerando donde estudió, su preparación, su estructura familiar, la manera de conducirse y comunicarse; su trayectoria, su visión de estado, hacia dónde quiere ir, ya no más oportunistas, improvisados o rijosos. Para que sobre una base real y sin apasionamiento, decidamos con quién me identifico, con quién se puede dialogar. Fundamentos que le permitan fijar compromisos serios y reales, pensando siempre en el país y en la familia; razonamiento que va a marcar la diferencia y el rumbo de un nuevo México.

Con solo aplicar el más elemental sentido común, podremos hacer de México una nación auténticamente independiente, más fuerte progresista y sólida.

Tenemos todo para lograrlo, sólo falta que nos decidamos a dar el cambio y eso depende de la estructura mental del ciudadano.

Nuestro voto bien ejercido será la diferencia del antes y el después, del progreso o del retraso, del estancamiento o del desarrollo.

CONCIENCIA CIUDADANA COMO PRINCIPIO.

En este pequeño ensayo, que deseo llegue a manos de todos los mexicanos, expreso desde mi muy personal punto de vista lo que vi y viví en un sistema que todo lo decidía y que, en apariencia, su maquinaria era perfecta; todo marchaba bien. Pero de repente, se obnubiló perdiendo el sentido y el rumbo. Entrando en un periodo de encrucijada e incongruencias gubernamentales que desencadenó en conflictos serios que la sociedad tuvo que pagar.

En memoria de ello y por ello, nunca más debemos permitir perder el rumbo. Entendiendo que es por la vía auténticamente democrática como podremos avanzar, haciendo conciencia en todos los mexicanos para que expresen su verdadera fuerza por medio del voto en todos los procesos electorales que se den en el país. Y a partir de ahí con un alto sentido de responsabilidad, seremos de verdad como queremos; un país donde las leyes se respeten. Sólo así legitimaremos y honraremos los ideales de la Revolución Mexicana.

Conciencia cívica es lo que hace falta. Si actuamos con decisión acorde a las condiciones del país. Podremos estar también en condiciones de exigir con plenitud lo que nos corresponde. El respeto al derecho es el camino, tomar en cuenta a toda la sociedad en su conjunto, es el reto. Partiendo de la premisa de que *hay que vivir el presente sin olvidar el pasado, pero viendo hacia el fututo.*

Con admiración, a la vez que con tristeza y desanimo, explicables sentimientos encontrados, hemos visto que mientras en otro países que no hace mucho estaban no sólo en crisis, sino en guerra y prácticamente desbastados, ahora ya están en pleno desarrollo; son una auténtica realidad como potencias tanto cultural como económicamente hablando.

Me refiero principalmente a los orientales: China, Singapur, Corea, Malasia, Vietnam y La India. Son ejemplos de crecimiento y desarrollo que, en tiempos realmente cortos, han invadido el mercado mundial con sus productos por demás variados.

México sin lugar a dudas tiene todo, principalmente una excelente mano de obra tan capaz como la de los orientales, fuerza que se nos fuga como agua entre los dedos; prefiriendo morir en el extranjero porque aquí no tiene un trabajo. Ese gran potencial humano, que es nuestra mayor riqueza, se está perdiendo en intentos vanos de sobrevivir como una necesidad existencial natural del ser.

La ingobernabilidad demostrada, sobre todo en los últimos 50 años, nos ha mantenido en el ostracismo; sin avance y sin progreso. Quién lo quiera refutar, solo basta con ver los históricos del producto interno bruto y las cuentas entregadas cada final de sexenio. Son muestra clara de la pérdida del rumbo de un "Sistema" agotado y que hoy la sociedad más consiente y responsable le reclama urgente un cambio que permita la reconstrucción del país.

Para ello hay que tener memoria viva del pasado dejando claro que renovarse no quiere decir que tengamos que partir de cero, hay mucho bueno probado, que nos permitirá reencausar el rumbo. Decidir sin temor enfocando las baterías en lo más esencial del ser humano; la familia, que es la célula más importante de cualquier nación y el núcleo de la sociedad. Hay que cuidarla, fomentarla y velar por ella. Porque de ella se nutrirá para hacerlo más fuerte, progresista, humano y generoso. Estamos obligados a desarrollar un nuevo proyecto nacional que permita fortalecer nuestro destino, tomando en cuenta los valores y esencia de la familia.

"Expresemos nuestra verdadera fuerza por medio del voto en todos los procesos electorales que se den en el país."

EL VALOR DE LA INDIVIDUALIDAD COMO SER.

De poco o nada sirve ser promotor de un candidato que se encontró circunstancialmente en la calle y le "regaló" una camiseta, una gorra o una despensa sin interesarle quién es. Ese regalo le puede costar muy caro. Por lo tanto no es regalo, al contrario, genera un costo considerable porque lo que le está pidiendo a cambio, es una parte de su ser, que le arranca alguien que ni siquiera lo conoce, pero por la circunstancia política que lo topo con él, fue utilizado; aunque a la mañana siguiente, vuelva a su triste realidad; salir como todos los días en su cotidiano andar, sumido en el total anonimato a continuar luchando en busca de un empleo y no de "lo que sea", sino de una oportunidad que le permita alcanzar una mejor calidad de vida.

Bien sabemos que, además esta penado por ley, que nadie puede inducir a la gente para que vote por determinado candidato o partido. Para ello tenemos una Institución que se encarga de los procesos electorales en todo el país, que es el Instituto Federal Electoral (IFE), al cual el congreso de la Unión le asigna cada año un enorme presupuesto para tal fin y es así como los Partidos Políticos y candidatos como únicos promotores, atiborran a la sociedad de propaganda por todos los medios posibles. Es una auténtica guerra y un desperdicio de recursos que el pueblo termina pagando.

Lo peor de todo es que no recibe nada a cambio, solo manifestaciones o desordenes viales que a todos perjudican, aunado al vandalismo que se genera bajo el pretexto de campaña, ya sea por la inconformidad o ignorancia, causando caos e inseguridad. Tal pareciera que ese es nuestro destino, el cuál con solo usar la cabeza, lo podemos cambiar.

INSTRUMENTOS PARA LA DEMOCRACIA.

S i el Instituto Federal Electoral (IFE), el Tribunal Federal Electoral (TRIFE) y la Suprema Corte de Justicia de la Nación (SCJN) son los principales árbitros en el ejercicio de la democracia y que ésta exista en México, entonces, ¿qué pasa?

En este apartado, la propuesta aquí planteada intenta darle sentido y mayor importancia a la orientación, difusión y divulgación por todos los medios posibles sobre las distintas formas y oportunidades que tienen los ciudadanos mexicanos. De enterarse y de participar en todo lo que implican los procesos electorales, ya sean federales estatales o locales. Dar la importancia y seriedad suficiente a las Autoridades Electorales competentes. También hay que destacar la altísima responsabilidad que tiene la participación como ciudadano respecto a los resultados que se obtengan. Asimismo, que sepan reconocer a quienes hayan salido triunfadores. Sólo así podremos decir que en México la democracia existe.

Estar preparados y bien orientados nos permitirá evitar caer en engaños por quienes no hayan sido favorecidos con los resultados, arengando al desorden una vez emitidos los datos oficiales a través de las Autoridades Electorales correspondientes: IFE, TRIFE e Institutos Estatales Electorales de cada Entidad Federativa.

RESPONSABILIDAD DEL GOBIERNO PARA LA LEGALIDAD.

El Estado mexicano tiene la obligación constitucional, de hacer de la participación ciudadana el elemento necesario y suficiente para alcanzar la plenitud de nuestra democracia. Hacer conciencia de esto, supone una gran labor de difusión del IFE, para que se logre a su vez una amplia participación ciudadana, condición indispensable para que se legalice y legitime de manera incuestionable nuestros procesos de renovación administrativa y de cambio de poderes. Así como, también le asiste la responsabilidad de la difusión de las convocatorias que se deberán emitir en forma oportuna en todo el territorio nacional, tomando en cuenta la diversidad sociocultural como; su leguaje, usos y costumbres etc., que permita llegar a todas las comunidades alejadas que no cuentan con el contacto cotidiano de los medios masivos de comunicación.

Por ello resulta impostergable exhortar a la sociedad por todos los medios posibles, a que participe consiente y segura de que sus decisiones y votos contarán, para así, ir creando confianza y una nueva cultura de participación. Lo que le dará el derecho a sancionar los actos o decisiones de cualquier gobierno resultante.

En suma, lo importante de este documento es llamar la atención del ciudadano para que haga un alto en el camino, en su quehacer cotidiano y sin perder en la memoria su porvenir deseado, invitarlo a que analice lo que ha sucedido en México, en los últimos treinta, cuarenta o cincuenta años y, con ese razonamiento destacarle la importancia que reviste su participación en los procesos electorales si quiere que su vida tome un mejor rumbo. Porque es en ese preciso momento cuando adquiere un poder real que será el factor determinante en la vida futura del país.

La circunstancia política actual nos exige involucrar a los ciudadanos a que se interesen, conozcan y sepan quienes son los candidatos que se dan cada tres o seis años en nuestro país, informarlos, para que no les impongan voluntades llámese amigos, familiares, jefes, "líderes" o influenciados por la tv., o porque lo vio en los periódicos.

Pero por supuesto que pueden escuchar e intercambiar impresiones, es válido, ello les dará criterio, por lo que la intención de este documento es darle una mejor orientación y panorámica, de la importante fuerza que adquiere toda la sociedad en su conjunto durante dicho proceso, para que razone y actué en consecuencia, como una respuesta a ese **YA BASTA**, y no deje que otros decidan por él (o ella), que entienda que su decisión puede cambiar la historia y México lo necesita.

Esta propuesta va encaminada a alentar a la ciudadanía para que, de manera consciente y razonable, se haga presente reclamando su espacio, haciendo por sí misma lo que nadie hará por ella.

"Es válido intercambiar impresiones que, aún siendo diferentes, nos darán una mejor visión para decidir".

LA EQUIVOCADA PERCEPCIÓN DEL CAMBIO.

A lo largo de la historia, la humanidad siempre se ha resistido al cambio y a la aceptación de ideas nuevas y México no es la excepción. Al contrario, hay regiones que mantienen sus tradiciones y costumbres las cuales nos enriquecen e identifican como uno de los países más extraordinarios del mundo; orgullo que se comparte. Pero no son esos cambios los que intentamos se den en el país, sino los estructurales que deben ir acorde a los nuevos tiempos, como el crecimiento y desarrollo científico y tecnológico, que impacten en lo social y cultural, basados en la educación, la familia, las instituciones, y dando como consecuencia, trabajo, salud, justicia, y equidad, etc. Estos factores son precisamente en los que la sociedad mexicana basa sus exigencias y reclama cambios.

Bien sabemos que la fuerza de la sociedad en época de elecciones adquiere un poder impresionante. Esta fuerza bien aplicada y aprovechada, obligará a los Partidos Políticos a presentar cuadros basados en calidad. Ya no más compra de voluntades o arreglos "en lo oscurito" con organizaciones profesionales del desorden y las nefastas alianzas con grupos sin valores a quienes les otorgan concesiones indebidas a cambio del voto.

Muchas élites compiten entre ellas por la conquista del voto popular, jalando clientela de todos lados como:

los invasores de predios o los pseudo-comerciantes de la vía pública, que se instalan en cualquier parte de las ciudades o los permisionarios piratas de transporte público; arreglos que pronto se verán olvidados una vez que ha terminado el Proceso Electoral pero que han dejado un total desorden y anarquía y en estado de indefensión a la sociedad, engrosando las filas de lo ilegal que tanto daño causa a la economía formal. De eso estamos hartos.

Esa es la política colonial y tradicionalista que nos marcó un patrón de conducta en la ciudad de México y en todas las principales capitales del país. Cuna de la improductividad, del desorden, de una sociedad parasitaria y caldo de cultivo para la delincuencia, evasores del fisco, usurpadores de espacios y principales causantes por muchos años del daño a la Compañía de Luz y Fuerza del Centro (ya extinguida) por el robo de energía que indebidamente toman de los postes públicos, en toda la ciudad principalmente en los paraderos de autobuses aledaños a las terminales del metro; nutridos nidos de delincuentes.

VICIOS QUE ERRADICAR.

Los controladores de estos grupos están bien identificados. Se utilizan durante los Procesos Electorales tanto locales como Federales. Resultan ser una clientela parasitaria para algunos Partidos, aún en perjuicio de la sociedad en general, que es la que padece los excesos de éstos. Esa es parte de la política de complicidades que debemos cambiar como ciudadanos con nuestro voto. Que las dirigencias de los partidos entiendan que el pueblo quiere y exige un congreso serio, responsable, maduro. Ya no más asalta tribunas, con fines protagónicos que sólo ven hacia un sólo lado; el de sus intereses personales o de sus secuaces. Todos ellos profesionales del odio, de la diatriba y del desorden. Muchos de ellos sin estudios profesionales o experiencia en la materia.

No ocultemos la realidad y entendamos que estos grupos son producto de una sociedad sin valores, que emergió de los cinturones de miseria de las ciudades (ya antes mencionado) y que, por el abandono en que se encuentran, representan un peligro latente. Se estima que de no ponerle atención inmediata a ese crecimiento desorbitado, tendremos en muy breve tiempo una conflictividad de lo social en el futuro; situación que resultará aún más difícil de controlar desde todos los puntos de vista. Amenaza que está a la vuelta de la esquina.

¿Qué pasaría si se hiciera un Teletón para los jóvenes de la calle, de los suburbios o ciudades perdidas y zonas marginadas? Que permitiera incorporarlos en el tema de la juventud al Plan Nacional de Desarrollo. Fortaleciendo la planta productiva agrícola nacional, el deporte, la industria, los servicios, etc. Apoyarlos con un programa como el Plan Mérida pero invertirlo en ellos, no en armas para atacarlos el día de mañana porque el crimen organizado los reclutó y se los llevó.

EL SISTEMA QUE SE HIZO BOLAS.

La intención es dar un giro de 180 grados a un sistema tradicionalista que se extravió, se hizo "bolas" y quedó encapsulado en el tiempo. ¿De qué otra forma se explica el estancamiento y la baja en la calidad de vida de la mayoría de la población? Esto es derivado de una política complaciente e ineficaz ya que siempre resultan ser los mismos políticos, desde hace 40 ó 50 años, los que se intercambian las posiciones.

Llámese del partido que se llame, ofreciendo y rezando el mismo silabario dónde la esencia es presentar un cambio que, al final, nunca cambia. Tal parece que esa estrategia les resultó por décadas. Siempre están los mismos en la foto y saltando de un lugar a otro. Incluso cambiando de partido político como de calcetines; ya sea para gobernador, secretario de estado, senadores o diputados, dirigentes de partidos, directores generales de alguna paraestatal, etc., etc. Lo maravilloso es que todos le hacen a todo y todo queda entre ellos. Si resulta por ahí uno que otro gritón o inconforme, lo compran y sigue la yunta andando. Resultaría mejor aprobar la reelección legislativa, como en otros países, que saltar de uno a otro cargo de las cámaras a la administración pública y viceversa. Esta situación, que evidentemente ha frenado y complicado la vida institucional, que de verdad a muy pocos importa.

Lo paradójico de todo es llegar a la conclusión de que los pueblos tienen los gobiernos que merecen. México no ha tenido un buen gobierno en los últimos 50 años. ¿De qué otra manera se explica el pobre crecimiento que se ha tenido en ese periodo? Aunque algunos expresen que sí ha habido crecimiento, pero desgraciadamente hacia un solo lado; el de los beneficiarios del desarrollo grupal o empresarial de unos cuantos. Tampoco podemos olvidar los maravillosos rescates bancarios en perjuicio de toda una nación, porque éstos nunca pierden. Hay dos listas en las cuales invariablemente estamos casi todos los mexicanos: en las de los asaltados y robados en cualquier párate del país o en el buró de crédito de la gran y patriótica banca mexicana.

LOS QUE SÍ VOTARON.

Al terminar cada Proceso Federal Electoral en nuestro país, renace una ilusoria esperanza en la cual, aparentemente, todo vuelve a la calma porque se cree que inicia una etapa de renovación según el clásico mensaje de los triunfadores; en realidad, el pueblo queda nuevamente rezagado pasando a un segundo plano. Esto sucede cíclicamente por falta de una cultura cívico-política, causante que la mayoría de la gente siga sumida en la pobreza y la marginación, destinada a continuar lamentándose otros seis años su tragedia. No es más que el resultado de un sistema costumbrista caduco y anacrónico. Muestra de ello son las quejas y manifestaciones que seguimos padeciendo en todos los rincones del país, que molesta, exacerba y ofende a toda la sociedad, pero inexplicablemente no hacemos nada.

LOS QUE NO VOTARON.

La indefinición no es más que una clara muestra de la apatía e ignorancia. En México existe un margen de abstencionismo muy grande y ese factor nos está dañando a todos, porque se deja en duda los resultados, en teoría se estima que si hubiese un partido político que obtuviera el total de votos de los que se abstienen, ese sería el ganador absoluto.

Bien sabemos que no pierde sus derechos constitucionales quién no vota, pero su indefinición no le da la autoridad moral para exigir y si en cambio obstruye la consolidación de la democracia en México. Para exigir hay que entender que existen derechos y obligaciones. La indefinición e ignorancia nos confunde y aleja la democracia.

"No decidir es decidir, nada daña más a la sociedad que dejar que otros decidan por ella" .

LA ENFERMIZA JUSTIFICACIÓN DEL ABSTENCIONISMO.

El abstencionismo nacional ha sido vinculado a las más diversas causas; desde las que se refieren a los mecanismos mismos de los procesos electorales hasta los que están relacionados con la forma de reaccionar de nuestra diversidad cultural que conforman los diferentes sectores de la población ante las circunstancias presentadas. Otra causa importante es la falta de representación política genuina.

Se trata de una sociedad atomizada en clases en la que la desigualdad, en todos los aspectos, es manifiesta. La mayoría de la sociedad se encuentra en medio de grandes limitaciones que le impone la pobreza y la marginación.

Por eso, el término de participación está inevitablemente ligado a una circunstancia específica. La decisión de no votar de la gente es por varias causas que no se aceptan ni justifican pero se dan como fenómeno. Estas son las razones más comunes:

• Porque no se cree en nadie.

• Porque no se conoce al candidato.

• Porque no le interesa la política.

• Porque cree que su voto no será tomado en cuenta.

• Porque cree que todo está arreglado.

• Porque ya sabe qué partido o candidato va a ganar.

• Porque no milita en ningún partido.

La gente, por extraña situación, llámese desconfianza, hastío, decepción, etc., se encierra. No comprende el daño tan grande que se está haciendo a sí misma y al país. Su *no participación* en los procesos electorales, se traduce en una apatía para no involucrarse en las decisiones del país irresponsablemente. Esta indiferencia e ignorancia, nos afecta a todos.

LA POLÍTICA Y LOS MEDIOS.

En México, como en la mayoría de los países, la democracia no goza de buena salud; y son los medios de comunicación el vehículo que los políticos aprovechan para manejar a su modo los mensajes a la sociedad. Así funciona la política con respecto a los medios de comunicación. Su influencia ante el electorado, en muchos casos, resulta determinante, por lo que se convierte en un poder invisible. Por eso, el Partido en el poder y los de la oposición, inician las campañas actuando con la firme intención de llamar la atención de los votantes mediante una andanada de ataques a través de los medios de comunicación, los cuales son el instrumento más ágil e influenciable que llega a la gente por televisión, radio, prensa escrita y últimamente las redes internet. Llámese estrategia o táctica política, como sea, pero ésta resulta ser una auténtica guerra de mercadotecnia, donde el principal involucrado es la sociedad en su conjunto, exhibiendo al oponente como el causante del deterioro de la vida nacional; en lugar de hacer propuestas, se dedican más a atacarse y a exhibirse que a diseñar un proyecto de futuro para toda la nación. La desacreditación entre los grupos políticos no es más que el reflejo de la inestable estructura política actual.

LOS SORTILEGIOS DE LA POLÍTICA MEXICANA.

Es una lucha de poder por el poder mismo. Todos contra todos, capaces de cualquier acción con tal de exhibir al contrario, pasando por su vida privada, sus debilidades hasta su total aniquilamiento. No se trata de buenos ni malos que siempre los hay, solo de intereses. El pretexto de privilegiar la política es un cliché, es sólo un argumento burdo, falso y sin fundamento. Utilizan muchas mañas para perjudicar al oponente. Tal parece que el que logra exhibir o evidenciar más al contrario, es el que va a ganar.

Al final de cuentas, no siempre es así; gana el que es apoyado por la gente con poder y dinero, porque supuestamente son los que tienen mucho que perder, pero en realidad. *Por una mala decisión, todos perdemos. Si escogemos calidad, tendremos calidad.*

DIRIGENTES DE LOS PARTIDOS POLÍTICOS.

Los dirigentes de los Partidos Políticos son los principales promotores, conductores y artífices de la escena política del país. Supuestamente, ellos seleccionan, dentro de sus cuadros políticos, a los "más destacados" y "distinguidos" miembros de su partido que habrán de contender por algún cargo de elección popular. En el caso de México, el cargo de Presidente de la República es el más importante. Por lo tanto, deberá ser muy cuidadosa dicha selección tomado en cuenta que va a dirigir a toda la nación que, se supone, amamos tanto.

Reflexión, sentido común, madurez, amor a México. Cualquiera de estas expresiones pueden ser validadas para justificar que, una vez concluido un proceso electoral, todos estemos conscientes que debemos trabajar con quien haya resultado triunfador, siempre sobre reglas claras mirando hacia el interior donde quepamos todos sin distinción dentro del orden constitucional que nos rige como Nación, desarrollando una política de vinculación ciudadana que permita hacer más eficiente el ejercicio gubernamental. Es la única manera de entender la democracia y que la democracia realmente exista en México. Porque, por ahora en este recorrido, la única conclusión real a la que podemos llegar es que en este país la democracia está ausente.

Si tan solo entendiéramos que vivimos un nuevo tiempo los mexicanos y que está en nosotros mismos lograr ese cambio tan anhelado.

LAS COALICIONES EN MÉXICO.

En todas las naciones del mundo, que se dicen democráticas, el ciudadano es el factor más importante. Es él el que define el destino de un país.

Hay países como Francia, que el presidente en turno era de un partido y el primer ministro de otro y hubo estabiliad social. En México están dadas las condiciones para consolidar una auténtica democracia, considerando incluso las coaliciones como una nueva forma de gobernar. Prueba de ello son los gobiernos Federal y Estatal (Distrito Federal) y la pluralidad en la conformación de las Cámaras, tanto de diputados como de senadores.

Hay quienes piensan que nunca ha habido democracia en México por la forma de proceder de los gobernantes en turno. Basta recordar los famosos acuerdos en lo oscurito que resultan ser una caja negra o las concertaciones; claras huellas de esa ausencia. Sin embargo, otros destacan que "La Democracia es el hilo conductor de la historia del pueblo de México"; cuestión de enfoque.

Lo que sí está claro, es que hay una absoluta desconfianza de los mexicanos sobre la política en términos de democracia representativa. Es quizás en los partidos políticos y sus dirigentes, donde recaiga todo el peso de la culpa ya que por sistema pretenden eliminar o desacreditar a todo lo que no coincida con ellos. Incluso llegar al extremo de aliarse electoralmente con los más adversos, como la unión "derecha" e "izquierda", que mata cualquier sentido ideológico con tal de que otros no lleguen. Peripecias que al final resultan ser siameses; pegados de espalda con dos corazones, dos cerebros, dos pulmones pero con un sólo hígado. Con visiones diametralmente opuestas y por demás absurdas, partiendo de los extremos de sus propias plataformas políticas y programas de acción que cada una profesa, causando con ello el descontento y la división de muchos de sus correligionarios de ambos bandos. Es una acción bizarra que afecta al país políticamente hablando. La conclusión es obvia: han dejado claro que están más por orgullo, terquedad, negocio y poder, que por servir a la Nación.

ÚLTIMA OPORTUNIDAD PARA DISEÑAR EL ROSTRO DE UN NUEVO MÉXICO.

En este nuevo tiempo mexicano, como sociedad madura, juiciosa y responsable, debemos fortalecer la grandeza mexicana que sí está a nuestro alcance. Debemos interesarnos más por los asuntos públicos; exigiendo a los políticos, a los congresos y a los gobernantes una mayor participación ciudadana. Que ya no nos vendan políticas paternalistas y que nos resuelvan los problemas momentáneamente con canastas básicas armadas por mercadólogos de Harvard, cuando lo más urgente está en su investidura, en su conciencia y en sus manos. Deben aprobar las eternas reformas pendientes, las cuáles son el parte agüas hacia un auténtico desarrollo sustentable; que configure el rostro de un nuevo México. El que nos deben desde hace décadas.

Estamos ante la mejor oportunidad como sociedad de enfrentar juntos nuestro destino. Hagámoslo basados en un pasado vivo, que es la grandeza mexicana que nos nutre y da vigor. Hagámoslo ahora, abracemos el camino del cambio o de lo contrario seguiremos siendo los mismos rehenes.

Usemos la inteligencia, la imaginación y el sentimiento de supervivencia; características innatas en el mexicano. Es la hora de enfrentar juntos los retos del porvenir, luchando pueblo y gobierno por un nuevo acuerdo nacional que nos permita asumir las tareas que nos son propias como sociedad.

Que se castigue de manera ejemplar la ineficacia y la corrupción. De lo contrario, seguiremos sumidos en el caos y convertidos en un barco sin rumbo. *No hay viento favorable para el que no sabe a dónde va.* Los mexicanos sabemos perfectamente bien hacia dónde queremos ir. Entendamos que es la última oportunidad que tienen los políticos de darle sentido a nuestra existencia o serán rebasados por la sociedad.

Asumamos la parte de la historia que nos corresponde, mirando siempre hacia un porvenir deseado sin perder la fuerza y la garra que nos ha caracterizado. Debemos hacerlo con una visión clara de hacia dónde queremos ir. *¡Ya no más una sociedad complaciente!*, la que por años soportó lo indecible. Esa sociedad, lastimada, herida, ofendida, dispuesta a reclamar su espacio, exigiendo que se corrija el rumbo patrio, con nuevas cartas de navegación, que permita a la Nación fortalecer su destino, no tomando solo el timón sino también los remos. ¿Quién no ha soñado alguna vez con un nuevo México al que todos anhelamos? Uno solo, al que todos tengamos derecho.

"Rumbo patrio, con una nueva carta de navegación, que permita a la nación fortalecer su destino".

Es momento de actuar y de escribir juntos páginas de la historia de nuestro país, entendiendo que sólo por la vía auténticamente democrática lo lograremos. Porque de no hacerlo lamentaremos el día de mañana nuestra indecisión.

Con el voto razonado estaremos sentando las bases y construyendo el cambio que tanta falta nos hace. No más volver atrás, permitiendo que élites, grupos radicales, y delincuentes nos retrasen y nieguen el derecho al progreso, sólo unidos lo lograremos. No hay más.

Hoy tú decides.

"VOTA AHORA O... CALLA PARA SIEMPRE".

Este ensayo está concluido, confío en que haya ayudado en algo a la reflexión, pero la historia continúa y la sociedad tiene la última palabra.

JORGE E. DE LEON PALMA.

La democracia como ciencia, la democracia como arte. No existe un arte nacional ni una ciencia nacional. El Arte y la ciencia, como todos los sublimes bienes del espíritu, pertenecen al mundo entero; como la democracia, y sólo pueden prosperar con el libre influjo mutuo de todos los contemporáneos, respetando siempre todo aquello que el pasado nos legó.

Recordando a Goethe.

Agradeciemientos

*C*uando alguien se decide a escribir algo sobre la naturaleza del hombre, siempre es preciso considerar la opinión de quienes de verdad te conocen y sin mayor premábulo te expresan sus puntos de vista, que aunque no coincidentes si legítimos y honestos. Tal es el caso de este documento que hoy presento; sus comentarios para mí valiosísimos, son con quienes tengo una reciproca amistad, cariño, amor, confianza y un profundo respeto: por ello expreso mi agradecimiento a mi esposa, Maria Del Sagrario Barrios Mata, mis hijos Sagrario Esteher; Jorge Eduardo y Alejandro De León Barrios, quienes en su más puro estilo enriquecieron significativamente el documento tanto en la portada como en la corrección. Al ing. Juan Pablo Sentíes Santos, analista y estudioso de los procesos electorales en México, con quien he vivido y compartido momentos importantes de la historia política de este gran país. A Ivonne Erika Vega Espinosa, quien con su talento aporto las ilustraciones, armado y estructura del documento. Al Lic. Orlando García G., maestro emérito de la Facultad de Economía de la UNAM, con quien he conversado muchas veces sobre los problemas económicos y políticos del México y al Lic. Francisco Rodríguez García, destacado, valiente y objetivo periodista mexicano, quien me honra con sus comentarios en el prólogo, a todos muchas gracias, y agradezco también a Dios por la oportunidad de haberlos conocido y el provilegio de haber nacido en México.

JORGE EDUARDO DE LEON PALMA

VOTA AHORA...
O CALLA PARA SIEMPRE.

Enero 2012.